Die Bremer Dom-Maus

W0197211

Götz Ruempler

Die Bremer Dom-Maus

Geschichte, Geschichten und »Mäuse-Latein«

Band 3
der Schriftenreihe der Stiftung Bremer Dom e.V.

EDITION TEMMEN

Die Deutsche Bibliothek verzeichnet diese Publikation
in der Deutschen Nationalbibliografie; detaillierte bibliografische Daten
sind im Internet unter http://dnb.ddb.de abrufbar.

Bildnachweis:

Verlagsarchiv: 15, 19, 20
Alle übrigen Abbildungen: Dr. Götz Ruempler

1. Auflage 2009

© EDITION TEMMEN
28209 Bremen
Hohenlohestr. 21
Tel. 0421-34843-0, Fax 0421-348094
info@edition-temmen.de
www.edition-temmen.de

ISBN 978-3-8378-1006-6

Inhaltsverzeichnis

Zum Geleit

Der St. Petri-Dom in Bremen wird jedes Jahr von mehreren hunderttausend Menschen besucht. Die Besucher kommen zu Gottesdiensten, Konzerten, Veranstaltungen, ins Dom-Museum und als Touristen. Viele von ihnen nehmen auch an Dom-Führungen teil, welche mit unterschiedlichen Schwerpunkten angeboten werden. Bei allen Dom-Führungen stößt immer wieder eine kaum handflächengroße, in Stein gehauene Tierdarstellung auf besonderes Interesse bei Jung und Alt: die Dom-Maus. Woher stammt sie und welchen Sinn hat sie? Und vor allem: Was hat eine Maus in der Domkirche zu suchen?

In der Bibel wird die Maus nur an einer Stelle erwähnt, und zwar als eines der Tiere, welche auf Erden wimmeln und für den Menschen unrein sein sollen (3. Buch Mose [Levitikus], Kapitel 11, V. 29). Dennoch haben Mäuse bei der Gestaltung von Kirchen immer wieder Verwendung gefunden. Theodor Fontane berichtet in seinen Wanderungen durch die Mark Brandenburg von der Ruppiner Klosterkirche, deren Inneres »immer noch gerade kahl genug geblieben [ist], um sich der ›Maus und Ratte‹ zu erfreuen, die der den Deckenanstrich ausführende Maler in gewissenhaftem Anschluss an eine halb legendäre Tradition an das Gewölbe gemalt hat«. In Lübeck ließ der Rat der Stadt in der Marienkirche eine Maus hinter dem Chor in Stein hauen, um die Bürger der Stadt zu mahnen, dass auch aus kleinen Übeln ein großes Unglück entstehen kann. Diese Maus zu berühren, soll der Sage nach Glück bringen.

Über diese Kirchenmaus im Lichte von Kunst- und Kulturgeschichte berichtet der vorliegende Band. Der Verfasser ist als promovierter Tierarzt, langjähriger Erforscher mittelalterlicher Tierplastik und ausgewiesener Kenner der Geschichte des Bremer St. Petri-Doms in besonderer Weise berufen, die vielfältigen Aspekte dieses kleinen, aber überaus reizvollen Themas darzustellen. Seine Arbeit erscheint in der Schriftenreihe der Stiftung Bremer Dom e.V., die es sich zur Aufgabe gemacht hat, die bauliche Erhaltung des St. Petri-Doms zu fördern und die von ihm ausgehende Geschichte zu erforschen. Dem Verfasser und den vielen Spendern, welche durch ihre Unterstützung diese Veröffentlichung erst möglich gemacht haben, sei herzlich gedankt. Möge die kleine Kirchenmaus allen Leserinnen und Lesern große Freude bereiten.

Bremen, im Frühjahr 2009

Detlev G. Gross
Vorsitzender des Vorstandes
Stiftung Bremer Dom e.V.

Nur 10 cm hoch und auf einem 6 cm hohen Sockel am Fuß der Säule eines Portals im Ostchor – wer die Bremer Dom-Maus nicht kennt, der findet sie ohne Hilfe nicht

Einführung

Bis vor 30 Jahren war die Dom-Maus außerhalb des St. Petri-Domes unbekannt. Etwa 1955 erfuhr ich als Domchorsänger, daß es im Dom an versteckter und wenig auffälliger Stelle eine Maus aus Stein gibt. Als ich sie endlich gefunden hatte und dem Informanten begeistert davon berichtete, nahm er mir das Versprechen ab, darüber nicht öffentlich zu reden und das Wissen um die Maus als Geheimnis der »Eingeweihten« zu bewahren. Heute zählt die Dom-Maus – zusammen mit Stadtmusikanten und Schweinen in der Sögestraße – zu den bekanntesten Tierdarstellungen in unserer Stadt.

Dazu beigetragen hat Walter Dietsch[1] mit seinem Buch über den Bremer Dom, das vor nunmehr 30 Jahren er-schien. Neben einem ganz-seitigen Foto wird im Text auf Seite 318 auf »das arme Kirchenmäuschen« mit drei Zeilen eingegangen. Als nächster berichtet Ortwin Rudloff[2] schon ausführlicher über den Nager aus Stein – allerdings ordnet er ihn zeitlich 450 Jahre zu spät ein. Bald danach erscheint in den Dom-nachrichten ein zweiseitiger Beitrag[3], der sich mit der Rolle der Maus in mittelalterlichen Kirchen und im Bremer Dom beschäftigt.

Es entbehrt also jeder Grund-lage, wenn bei Domführungen durch Bremer Touristenfüh-rer/innen immer wieder be-hauptet wird, daß es über die Dom-Maus keine Literatur gäbe. Mit der Deutung die-ser kleinen Tierplastik hat es allerdings so seine Schwie-

9

rigkeiten: Bei Dietsch[4] wird die Maus in dem Kapitel »Kurios bis heiter« aufgeführt, und auch Rudloff[5] schließt nicht aus, daß der Steinmetz »sich einen Scherz machen wollte«. Später führt er allerdings aus, daß »die Maus ... den Teufel bezeichnen« kann, »Zeichen für die bedrohende Macht des Widergöttlichen«. Auch in dem Beitrag in den Domnachrichten[6] wird dargelegt, daß die »Maus das Böse aus dem Gotteshaus fernhalten« soll.

Im letzten Jahrzehnt hat ein »Märchen« über die Dom-Maus Verbreitung gefunden, nach dem steinerne Kirchenmäuse an versteckter Stelle wandernden Handwerksgesellen im Mittelalter als Nachweis ihrer Ortskenntnisse und damit als Arbeitsnachweis dienten. Heute findet kaum eine Stadtführung ohne diese Geschichte statt – im Gegenteil – sie wird immer weiter ausgeschmückt. Zuguterletzt hat sie sogar auf dem Kalenderblatt eines Bremen-Kalenders für das Jahr 2008 schwarz auf weiß ihre »Bestätigung« gefunden, so daß dieses Beispiel von Bremer »Mäuse-Latein« nun ein für allemal in gedruckter Form vorliegt. Wir wollen nachfolgend versuchen, nicht nur dieses Märchen als solches zu enttarnen, sondern die Historie und das geistige Umfeld der Dom-Maus zu enträtseln.

Sicht auf den Bremer Dom
Durchblick zwischen Rathaus
und Deutschem Haus

Die Gasse »Hinter der Balge« im Bremer Altstadtviertel
Schnoor. Hier, nahe am Wasser und bis zum Zweiten Weltkrieg unter ärmlichen Bedingungen, lebten mehr Ratten
und Mäuse als Menschen

Maus und Ratte im wahren Leben – ein Ausflug in Sprache, Zoologie und Hygiene

So sehr sich Mäuse und Ratten vor allem in der Größe unterscheiden, so sehr ähneln sie sich in der äußeren Gestalt, und die drei Arten Hausmaus, Hausratte und Wanderratte gehören zoologisch zur selben Unterfamilie der Echten Mäuse (»Murinae«).

Im Mittelalter wurden Ratten und Mäuse als Angehörige derselben Tierart angesehen, wobei die deutlich kleineren Mäuse als Weibchen und die Ratten als Männchen galten. Dies kommt noch heute in verschiedenen sprachlichen Überschneidungen zum Ausdruck: So hieß im Althochdeutschen die Hausratte »Großmaus«, im Katalanischen bedeutet »rat« Ratte und »rata« Maus. Im Spanischen steht das Wort »ratón« (wörtlich: kleine Ratte) für Maus, und im Portugiesischen bedeutet das Kosewort »ratinho« Mäuschen (wörtlich: kleine Ratte). Im heutigen Griechisch bezeichnet das Wort pontikós alle Arten von Ratten und Mäusen.

Auch in der Sprache der Bibel gibt es das Wort »akbar«, das für Mäuse und Ratten gleichermaßen angewendet wird[7], so etwa im 1. Buch Samuel 6, V. 1ff. Mäuse gehören zu den unreinen Tieren, die nicht gegessen werden dürfen (Jesaja 66, V. 17). Nur einmal kommt im Alten Testament das Wort »haparparah« vor. Es meint ein grabendes Tier, das Luther mit »Maulwurf« übersetzt hat. Im 2. Buch Jesaja (V. 19–21) lesen wir: »Zu der Zeit

Die Maus in Naturkunde und Medizin bei Hildegard von Bingen

Hildegard von Bingen (1098-1179) gilt mit Abstand als klügste Frau des frühen Mittelalters in Mitteleuropa. Als Mystikerin hat sie das Wissen ihrer Zeit in zahlreichen Werken festgehalten. Neben ihren Predigten, ihrem Einsatz für eine Reform des kirchlichen Lebens, der Entwicklung einer eigenen Theologie und der Komposition von 70 geistlichen Liedern gab sie umfangreiche Werke über Naturkunde und Medizin mit natürlichen Heilmethoden ihrer Zeit heraus. Sie kannte die 37 Bücher umfassende Naturgeschichte des Römers Plinius d.Ä., der 79 n. Chr. beim Vesuvausbruch ums Leben gekommen war und als bedeutendster Naturforscher der Spätantike gilt. Die naturkundlichen Werke der Hildegard von Bingen bilden die wichtigste Grundlage der biologischen Kenntnisse im frühen Mittelalter.

Wenn wir nachfolgend Auszüge aus Hildegards »Liber simplicis medicinae« über die Maus in der deutschen Übersetzung von P. Riethe (1996) wiedergeben, dann geschieht das keineswegs, um die naturwissenschaftlichen Kenntnisse dieser überaus klugen Frau zu schmälern, sondern um aufzuzeigen, welche Ansichten die Menschen vor 850 Jahren über Maus (und Ratte) hatten, falls sie zu einer Minderheit von Fachleuten gehörten, die überhaupt lesen konnte.

»Kapitel XXXIX: Die Maus

Die Maus ist warm und hat einen hinterhältigen Charakter, weil sie immer davonläuft und sich versteckt. Deshalb ist auch ihr Fleisch für den Menschen unverträglich und taugt kaum zu Heilzwecken. Dennoch: wenn ein Mensch die Fallsucht hat und zu Boden fällt, dann soll, wenn er sich wieder erhoben hat, sogleich ein Brot gesucht werden, von dem eine Maus gefressen hat – keine andere Speise – und die Teile des Brotes, die Mäusebisse aufweisen, gib in ein Gefäß mit Wasser und laß den Menschen das Wasser trinken und wasche seine Stirne und Füße in dem Wasser. Dies geschehe, sooft er fällt, und er wird geheilt werden. Denn weil die Maus vor allem flieht, vertreibt sie auch die Epilepsie. ... Wenn jemand ... ›Wechselfieber‹ hat, nimm eine Maus und versetze ihr einen leichten Schlag, damit sie nicht entfliehen kann. Dann binde, bevor sie stirbt, den Rücken dieser Maus zwischen die Schultern dieses Menschen, wenn ihn das ›Wechselfieber‹ peinigt, damit (die Maus) dort zwischen seinen Schultern stirbt. So wird dieser Mensch geheilt werden, und (das Wechselfieber) befällt ihn nicht mehr.«

Literatur: P. Riethe, Hildegard von Bingen, Das Buch von den Tieren (Salzburg 1996)

Die Balge im 18. Jh. mit Blick auf die alte Ansgariikirche, links das Haus »Spitzen Gebel«, das den Zweiter Weltkrieg überstanden hat. Heute verläuft hier die Straße »Hinter dem Schütting« (Lithographie K. Gebhardt)

Hausratten in einem Kanalisationsschacht. Da diese Nager nicht nur gut klettern und Naturstoffe mit ihren scharfen Zähnen durchnagen können, sondern auch ausgezeichnet schwimmen und tauchen, konnten sie im Mittelalter in jedes Haus gelangen

wird jedermann wegwerfen seine silbernen und goldenen Götzen ... in die Löcher der Maulwürfe und Fledermäuse.« Hier sind eindeutig die Ratten gemeint[8], denn in Felshöhlen gibt es keine Maulwürfe. Insgesamt bleibt festzustellen, daß auch in der Sprache der Bibel Maus und Ratte unter demselben Begriff zusammengefaßt werden.

Hausmaus und Hausratte haben sich als überaus anpassungsfähige Kulturfolger schon immer eng an den Menschen und seine Siedlungen angeschlossen; die Wanderratte ist erst im 18. Jahrhundert von Zentralasien aus nach Europa vorgedrungen und hat hier an vielen Stellen die Hausratte verdrängt.

Durch ihre dämmerungsaktive und nächtliche Lebensweise, durch ihre Fähigkeit, sich durch den Boden zu graben und mit ihren scharfen Nagezähnen Holzwände und Türen durch Löcher passierbar zu machen, und bei den Ratten durch ihre Fähigkeit,

Dieses Bild bot sich am 4.10.1976 nach der einmal jährlich durchgeführten Generalreinigung des Bibergeheges in den Tiergrotten Bremerhaven: Die »Strecke« von getöteten Wanderratten

nicht nur zu schwimmen, sondern auch ausgezeichnet zu tauchen, gab es für die »cleveren« Nager innerhalb der mittelalterlichen Städte praktisch keine Grenzen. Vom Keller bis zum Dachboden bevölkerten sie alle menschlichen Bereiche, als Allesfresser ernährten sie sich von allem, was in Küchen, Vorrats- und Lagerräumen aufbewahrt wurde. Dazu kam ihre unbändige Vermehrungsfreudigkeit.

Eine zentral geregelte Abwasser- und Müllbeseitigung gab es in den Städten des Mittelalters nicht. Damit war es auch um die Hygiene schlecht bestellt. In der Innenstadt von Bremen, die etwa im Verlauf der heutigen Wallanlagen von einer massiven Stadtmauer umgeben war, spielte der als erster Hafen genutzte Nebenfluß der Weser, die Balge, ein zunehmendes Problem als bequeme »Entsorgungsstraße«, in die Abwässer geleitet und Müll hineingekippt wurden. Zunächst verhinderten die Schiffer die Verunreinigung des ersten Bremer

Hafens. Schon ab dem 13. Jahrhundert entstand an der Schlachte im Hauptfluß ein zweiter Schiffsanlegeplatz, an dem die größer gewordenen Handelsschiffe ankern konnten, für die die Balge zu wenig Tiefgang hatte. Nur noch Boote und flache Flußschiffe benutzten den Balgehafen. Um so mehr wurde der schmale Wasserlauf zur Entsorgung der Bürgerhäuser benutzt. Schon im Jahr 1399 erließ die Stadt deshalb eine Balge-Verordnung, nach der es verboten war, Haus- und Toilettenabwässer, Nahrungsreste, Asche, Mist (aus den Schweineställen) und sogar verendete Tiere in der Balge zu entsorgen. Daraus können wir uns ein Bild machen, daß der die Innenstadt durchziehende Weserarm zu einer Kloake verkommen war – ein idealer Lebensraum für Ratten und Mäuse!

In vielen Stadthäusern wurden Schweine gehalten, und ein Teil des Gesindes und der ärmeren Bevölkerung schlief in den Schweineställen. Auf diese Weise war der Kontakt mit den nächtlich herumlaufenden Ratten und Mäusen hier besonders groß, und die auf den Nagern parasitierenden Rattenflöhe konnten leicht auf die Menschen überspringen. Damit

griff die sogenannte Nager-
pest auf die Bevölkerung über
– sie wurde mit der menschlichen Pest, dem gefürchteten
»Schwarzen Tod« zur schlimm-
sten Seuche des Mittelalters.
Das Bakterium »Yersinia pe-
stis« wurde durch Tröpfchen-
infektion auch von Mensch zu
Mensch übertragen.

In Bremen starben bei den Pest-
epidemien der Jahre 1348–50
etwa 7000 Menschen, 1577
ungefähr 1500, 1584 knapp
1000 und 1627 sogar etwa
10.000 Bremer Bürger.[9]

Neben der Übertragung gefährlicher Krankheiten – außer der Pest weiterhin Typhus, Leptospirose, Tularämie, Salmonellosen, Virusinfektionen und Pilzerkrankungen – vernichteten die Nager ungeheure Mengen an Lebensmittelvorräten. Noch bis in die 70er Jahre des 20. Jahrhunderts bildeten Ratten und Mäuse ein großes Problem in den Fischereihäfen, in der Lebensmittelindustrie und in Zoologischen Gärten[10]. So erlebte ich als damaliger Direktor der Bremerhavener Tiergrotten, daß bei der einmal jährlich anstehenden Generalreinigung des Bibergeheges am 4.10.1976 über 20 Wanderratten getötet wurden, die sich in der aus Naturhölzern von den Tieren errichteten Biberburg häuslich eingenistet hatten. Damals gab es noch keine anderen Möglichkeiten, sich der lästigen und für die Gesunderhaltung der Zootiere gefährlichen Nager zu entledigen. Erst durch die modernen Fraßgifte, vor allem die Cumarin-Derivate, gelang es, das Rattenproblem wirkungsvoll und nachhaltig in den Griff zu bekommen. Durch die Schiffahrt fanden Ratten und Mäuse weltweite Verbreitung, etwa auf den 1000 km westlich von Ekuador »am Ende der Welt« gelegenen Galapagosinseln oder auf der kleinen Insel Komodo im Indopazifik, die durch ihre bis zu 3m langen Warane berühmt geworden ist. Selbst das Weiße Haus in Washington ist durch eine Mäuseplage in die Schlagzeilen der Weltpresse gelangt: Schon unter den Präsidenten Roosevelt und Truman wurde hier ein erbitterter Mäusekrieg geführt. 1977 tauchte bei einem persönlichen Gespräch zwischen Präsident Carter und dem italienischen Ministerpräsidenten Andreotti unvermittelt ein Mäuschen in Carters Arbeitszimmer auf. Danach hat der amerikanische Präsident den Mäusen endgültig den Krieg mit allen Mitteln erklärt.[11]

Die Maus in der Antike

Diese Mäuseplastik aus gebranntem Ton stammt aus dem 5. vorchristlichen Jahrhundert. Sie wurde mit anderen ähnlichen Mäusedarstellungen der Antike am westlichen Fuß des Ätna auf Sizilien gefunden und ist ein Gefäß mit Einfüllstutzen auf dem Rücken und feiner Ausgußöffnung an der Schnauzenspitze. Diese kleinen Gefäße – unsere Maus ist gut 11 cm lang – werden im Griechischen Askos genannt und dienten wahrscheinlich als Ölfläschchen für die Körperpflege.

Auf beide Körperhälften der Maus ist ein Tintenfisch (Oktopus) aufgemalt. Diese im Mittelmeer weit verbreiteten Kopffüßer wurden in großen Mengen gefangen und gehörten fast zum täglichen Angebot der antiken Küche. Der Grund, daß dieses Salbölgefäß mit zwei Oktopoden ausgeschmückt wurde, dürfte aber ein anderer sein: Dem Tintenfisch und seinem Fleisch wurden aphrodisische Kräfte zugeschrieben, und zur Liebesanregung diente natürlich auch das Einfetten bei der Hautpflege.

In der Literatur wird die Vermutung geäußert, daß die Tonmäuse mit dem Kult des Apollon Smintheus zusammenhängen. Dieser antike Gott bekämpfte Mäuse und Ratten und trug damit zum Schutz der Menschen vor Krankheiten und Schädlingen bei. Das Ölfläschchen hätte damit dieselbe Bedeutung wie die Dom-Maus und andere Kirchenmäuse des Mittelalters. Diese Ansicht möchte ich bezweifeln. Denn welche Frau stellt sich ein Gefäß in Form eines Schädlings vor ihren Toilettenspiegel?

Literatur: U. Gehrig (Hrsg.), Tierbilder aus vier Jahrtausenden, Antiken der Sammlung Mildenberg (Mainz 1983)

Wandmalerei des Katzen- und Mäusekrieges in der Johannes-
kirche in Pürgg/Steiermark (Österreich) aus dem 12. Jh., die
köstliche Darstellung ist ein sehr seltenes Beispiel dieser Fabel
aus der Antike

Maus und Ratte in Sagen, Fabeln und Heiligenlegenden

Südlich des Ortes Pürgg in der Steiermark liegt hoch auf einem Bergrücken malerisch das kleine Johanneskirchlein aus dem späten 12. Jahrhundert, das durch seine köstlichen, sehr gut erhaltenen Wandmalereien bekannt ist. An der Südwand des Kirchenschiffes findet sich die seltene Darstellung des Katzen- und Mäusekrieges, die schon im 1. Jahrhundert n. Chr. aus den Fabeln des Aesop ins Lateinische übersetzt wurde.[12] Dort ist es allerdings noch ein Krieg zwischen Wieseln und Mäusen, denn die Katze war in der Antike des Mittelmeerraumes als Haustier noch unbekannt. Beim »Wiesel« handelt es sich um das Frettchen, ein marderartiges Haustier, das – von Menschenhand aufgezogen – sehr zahm und anhänglich wird und als Mäusejäger und Schmusetier viel gehalten wurde.

In Pürgg hat im 12. Jahrhundert die Katze schon lange die Rolle des Wiesels übernommen. Bei der übereilten Flucht der Mäuse aus ihrer Burg können sich alle normal großen Tiere in Ritzen und Löcher verkriechen, während die Anführer mit langen Standarten und abstehendem Kopfputz nicht in die Verstecke passen und von den Katzen getötet werden. Mit der Darstellung dieser Fabel hat der mittelalterliche Maler hier in der Kirche wohl sinnbildlich auf die Machtkämpfe zwischen Staat und Kirche, zwischen Kaiser und Papst anspielen wollen.

Einen einmaligen und recht ungewöhnlichen Fabelstoff

Kreuzgangkapitell der Kathedrale in Tarragona/Katalonien aus dem Ende des 12. Jh. Mäuse oder Ratten tragen eine sich tot stellende Katze auf einer Bahre zur Beerdigung

hält der Kämpfer (Deckplatte) eines Kapitells im Kreuzgang der Kathedrale von Tarragona (Katalonien) aus den Jahren um 1200 bereit: Hier tragen zahlreiche Mäuse/Ratten eine Katze auf einer Bahre. Diese Darstellung scheint der Fabel vom Fuchs und den Hühnern entlehnt zu sein. Wie dort stellt sich die Katze tot und läßt sich von den Mäusen zur Beerdigung tragen, um im geeigneten Moment von der Bahre zu springen und reiche Beute zu machen. Daß die Geschichte tatsächlich so endet, beweist das Relief rechts neben dem Leichenzug: Hier bewegt sich die Katze zwischen den nach beiden Seiten flüchtenden Mäusen und macht leichte Beute.

Mäuse und Ratten stehen im Mittelalter bzw. schon seit der Antike symbolisch

Die Maus in der Tierfabel

Die Maus in der Suppe

Eine Maus fiel einst in einen unbedeckten Topf
voll Suppe. Schon vom Fett erstickt, sprach sterbend sie
noch dies: »Gegessen hab ich und getrunken und
genossen alle Lust. Jetzt ist die Zeit zum Tod.«

Babrius (1./2. Jh. n. Chr.)

Löwe und Maus

Es fing ein Löwe eine Maus und wollt' sie fressen.
Das arme hausgeborene Dieblein, nahe schon dem Tod,
bat um sein Leben, leise quiekend, und sprach dies:
»Du solltest Hirsche jagen und gehörnten Stier
und dich am Fleische solcher Beute mästen.
Doch eine Maus ist selbst für Deiner Lippen Rand
zu wenig; Darum fleh' ich an dich: schone mein!
So klein ich bin - vielleicht vergelt' ich's eines Tags«
Das Raubtier lacht und ließ die Flehende am Leben.
Er selbst fiel bald in jugendlicher Jäger Hand:
gefesselt saß er hilflos fest im Netz.
Doch heimlich kam das Mäuslein aus dem Loch hervor,
mit scharfen Zähnchen nagt' es an dem festen Tau
und macht den Löwen frei. Daß dieser sie verschont,
vergalt mit Lebensrettung würdig ihm die Maus.

Babrius

Die Mäuse

Es sprach unlängst im Rat der Mäuse
Ein junger Ratsherr von der Reise,
Die er getan, und was dabei
Ihm selber zugestoßen sei.
Was unter finstern Dächerhöhlen
Er hörte, schmeckte, sah und roch,
Berührte, speiste, fand, bekroch,
Das wußt' er deutlich zu erzählen.
»Ja«, fuhr er fort, »auf manchen Böden
sind Tiere, die wie Mäuse reden,
Sie sehn uns gleich vom Kopf zum Bauch,
Sie sind geöhrt wie wir und rauch.
Doch hört, ich sage keine Lügen,
Sie hüllen sich, so groß als klein,
In dünne, braune Mäntel ein,
Darinnen sie wie Vögel fliegen.«
Da riefen zwei erfahrne Greise:
»Du Narr, das waren Fledermäuse,
Die man hier täglich sehen kann;
Um dieser willen brauchte man
Dich nicht in fremdes Land zu senden.«
– Und so verreisen viel ein Lehn,
Um in Paris ein Ding zu sehn,
Das sie umsonst zu Hause fänden.

Magnus Gottfried Lichtwer (1719–1783)

Quellen:
H.C. Schnur (Hrsg. u. Übersetzer), Fabeln der Antike
(Düsseldorf 1978, 1985, 1995, 1997, 2004)
A. Simon (Hrsg.), Der Wolf und das Lamm.
Die schönsten Fabeln (Welsermühl, Wels o. J.)

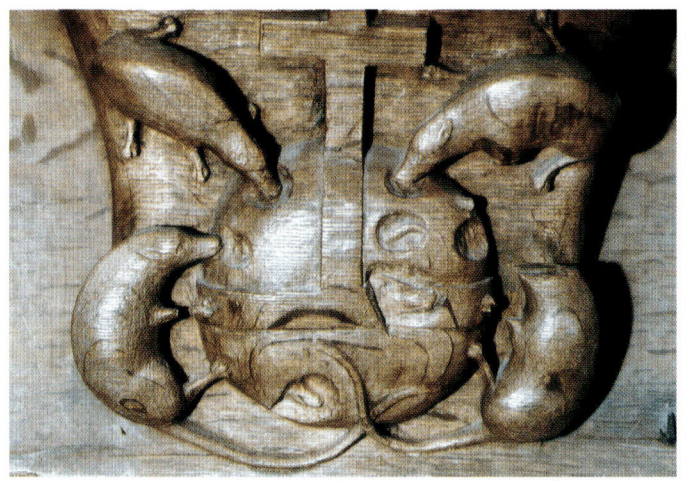

Die seltene Darstellung der sogenannten »Rattenkugel« auf dem Chorgestühl der Kirche in Champeaux (nahe Paris). Vier Nager haben den Reichsapfel wie einen Käse durchlöchert

für Zerstörung und Verwüstung sowie als Überträger von Seuchen und Epidemien. In Frankreich hat sich im 15. Jahrhundert aus dem nagenden Unglücksbringer Ratte/Maus das Motiv der »Rattenkugel« entwickelt[13], bei dem einzelne oder mehrere Nager an einer Weltkugel knabbern. Eine interessante Variation hat dieses Sinnbild auf dem Chorgestühl der Kirche in Champeaux (20 km südöstlich von Paris) erfahren, das 1522 entstanden ist: Hier sitzen vier Nager an einem Reichsapfel, d.h. einer Weltkugel mit Kreuz, die als Symbol der christlichen Weltherrschaft zu verstehen ist und seit 1191 als Insignie des Heiligen Römischen Reiches deutscher Nation beim Krönungszeremoniell eine Rolle spielte. Die vier Mäuse oder Ratten, die den Reichsapfel wie einen Käse durchlöchert haben, stehen hier zweifellos für die Auseinandersetzungen zwischen weltlicher und kirchlicher Macht. Vielleicht

Um den Binger Mäuseturm rankt sich die Sage vom grausamen Mainzer Bischof Hatto, der bis hierhin von den Mäusen verfolgt und getötet wurde

weisen sie auch bereits auf die unmittelbar bevorstehende Reformation hin.

Eine positive Rolle spielen die Mäuse in der Sage vom Binger Mäuseturm. Als »Seelenmäuse« stehen sie hier für vom Tod erweckte Menschen, die den grausamen Mainzer Bischof Hatto (891–913) bis auf den im Rhein gelegenen Turm verfolgen, um ihn bei lebendigem Leibe aufzufressen. Während einer Hungersnot hatte er die um Korn flehenden Menschen in eine Scheune sperren lassen, die anschließend angezündet wurde und in Flammen aufging. Die verhungerten und verbrannten Untertanen kehrten als Mäuseheer zurück, um den hartherzigen Kirchenmann der gerechten Strafe Gottes zuzuführen. In Wahrheit war der Turm im Rhein ein Mautturm, weil die vorbeifahrenden Schiffe hier »Wegezoll« zahlen mußten. Aus dem Mautturm machte der Volksmund »Mausturm«. Die Legende von Barlaam und Joasaph zeigt die Maus wiederum von ihrer destruktiven Seite: Ein Mann, der auf der Flucht vor dem Einhorn und

Am Baptisterium (Taufkapelle) des Domes in Parma/Oberitalien findet sich dieses steinerne Relief mit der Legende von Barlaam und Joasaph aus der Zeit um 1200

damit dem Tod in eine tiefe Schlucht stürzt, sieht sich hier von einem Drachen bedroht und kann sich auf einen Baum, den Lebensbaum, retten. An dessen Wurzeln nagen eine weiße Maus während des Tages und eine schwarze in der Nacht. Dabei stehen die beiden Nager für die endliche Zeit des menschlichen Lebens. Diese Parabel finden wir in der mittelalterlichen Plastik nur selten, so etwa am Baptisterium des Domes in Parma aus den Jahren um 1200.

Eine der bekanntesten Sagen Deutschlands ist die des Rattenfängers von Hameln. In diesem Zusammenhang wollen wir noch einmal darauf hinweisen, daß im Mittelalter Ratte und Maus dasselbe Tier meinten: In verschiedenen alten Berichten über den Rattenfänger tauchen neben den Bezeichnungen Rattenbanner und Teufel (!) auch die Worte Sackpfeifer und M a u s fahrer auf[14]. Nach der Sage der Gebrüder Grimm tauchte 1284 in Hameln ein wunderlicher Mann in einem auffällig bunten Obergewand auf, der versprach, die Stadt gegen einen gewissen Lohn von

Die Stadt Hameln an der Oberweser ist vor allem durch die Rattenfängersage bekannt. Der hübsche Gründerzeit-Giebel am Münsterkirchhof zeigt den legendären Pfeifer und Ratten (mit einer Fledermaus), die unter dem Sims herbeiströmen

der herrschenden Ratten- und Mäuseplage zu befreien. Als man ihm die Bezahlung zugesagt hatte, nahm er seine Flöte und spielte darauf eine Melodie. Überall kamen die Mäuse und Ratten aus ihren Löchern und folgten dem Pfeifer. Als die Scharen nicht mehr weiter anwuchsen, ging er flötend aus der Stadt direkt an die

Weser. Die Nager folgten ihm massenhaft, fielen ins Wasser und ertranken. Die Bürger aber verweigerten dem Mann den versprochenen Lohn, so daß er zornig die Stadt verließ. Kurze Zeit später kehrte er an einem Sonntag als Jäger verkleidet nach Hameln zurück, während alle Bürger zum Gottesdienst in der Kirche waren. Als er flötend durch die Gassen der Stadt lief, folgten ihm Kinder vom vierten Jahr an aus der Stadt hinaus und verschwanden mit dem Mann in einem Berg. 130 Kinder waren seitdem verschwunden und kehrten nie wieder zurück. Wie katastrophal sich die Ratten- und Mäuseplagen im Mittelalter in den Städten und auf dem Lande ausgewirkt haben müssen, beweisen eine Reihe von Heiligen, die die Menschen aus lauter Verzweiflung anriefen. Neben der bekanntesten, der Heiligen Gertrud von Nivelles, waren es St. Servatius, besonders in Quedlinburg und Maastricht, St. Ulrich in Augsburg, wo die Landbevölkerung Ulrichskreuze gegen die Mäuseplage in die

Erde steckte, und im Allgäu der Heilige Magnus, der hier St. Mang genannt wurde.

Als wichtigste Mäuseheilige gilt Gertrud von Nivelles, die im 7. nachchristlichen Jahrhundert lebte. Als Tochter Pippins d.Ä. wurde sie schon in jungen Jahren im Kloster Nivelles (in der belgischen Provinz Brabant) als Äbtissin eingesetzt. Neben ihren Patronaten für Kranke, Pilger, Gefangene und Witwen galt sie als Beschützerin der Garten- und Feldfrüchte und war in diesem Zusammenhang auch für die Bekämpfung der Schädlinge »zuständig«. Mäuse sollen sie übrigens schon am Spinnrad gestört haben. Zwei Beispiele aus der Kunst möchte ich für die Mäuseheilige anführen: In der evangelischen Stadtkirche St. Goar in dem Rheinstädtchen St. Goar nahe Koblenz findet sich unter den gut erhaltenen Wand- und Deckenmalereien aus der zweiten Hälfte des 15. Jahrhunderts eine Darstellung der Heiligen Gertrud, an deren Mantel sieben Ratten oder Mäuse emporklettern. In der St. Ulrichskapelle des ehemaligen

Klosters Adelberg bei Göppingen steht im Chorraum ein wunderschöner spätgotischer Schnitzaltar aus dem Jahr 1511 mit fünf Heiligenfiguren im Schrein. Rechts neben der mittig angeordneten Maria, also auf besonders hervorgehobenem Ehrenplatz, entdecken wir eine weibliche Heilige, an deren Rocksaum sich zwei Ratten oder Mäuse aufrichten. Auf dem Sockel unter

Wandmalerei in der Stadtkirche St. Goar in St. Goar/ Rhein: Sieben Ratten oder Mäuse klettern am Mantel der Heiligen Gertrud empor

33

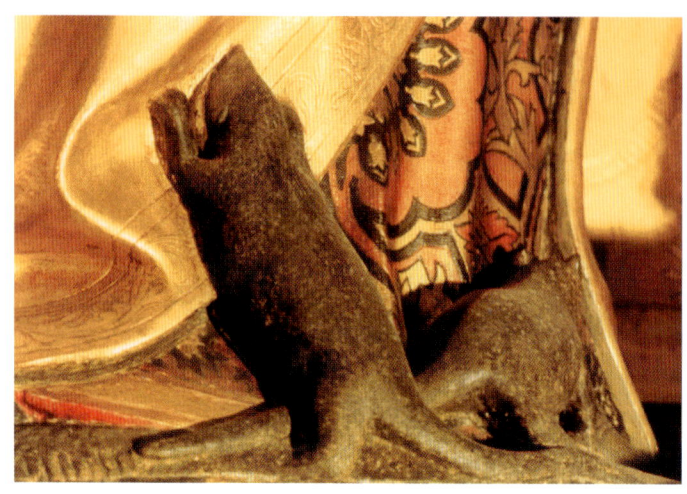

Zwei Ratten oder Mäuse am Rocksaum der als Cutubilla be-
zeichneten Heiligen Gertrud im Kloster Adelberg bei Göppingen

den Figuren wird die Heilige als Cutubilla bezeichnet. Mit Cutubilla, Kakukilla und ähnlichen Verballhornungen ist eine »Ersatzheilige« gemeint, die im 15. Jahrhundert aus dem männlichen, irischen Heiligen Kolumban entstanden war und mit den Attributen der Heiligen Gertrud versehen wurde.[15]

Übrigens war die Heilige Gertrud auch in Bremen »und umzu« bekannt: In Oldenburg ist die Gertrudenkapelle wegen ihrer gut erhaltenen Wand- und Deckenmalereien aus den 1480er Jahren bekannt, die viele Szenen aus dem Leben der Mäuseheiligen zeigen, wobei allerdings die Nager fehlen. In Bremen stiftete Bürgermeister Harm von Ruten im Jahre 1366 nahe an der Schiffsanlegestelle gegenüber dem Ostchor der Martinikirche das Gertrudenhaus, dem die Heilige ihren Namen als Patronin der Jakobspilger gab, die sich von hier aus auf die damals überaus gefährliche Schiffsreise nach Santiago de Compostela begaben.

Spätgotischer Schnitzaltar in der Ulrichskapelle des Klosters Adelberg bei Göppingen mit der Heiligen Gertrud alias Cutubilla

Die Gnadenkapelle in Telgte bei Münster ist auch heute noch ein häufig aufgesuchtes Wallfahrtsziel im Münsterland

Mäuse in Kirchen vom Spätmittelalter bis in unsere Zeit

Immer wieder ist darüber nachgedacht worden, weshalb Mäuse in großer Zahl in mittelalterlichen Kirchen ihr Unwesen trieben, und so hat sich das »Märchen« vom »armen Kirchenmäuslein«[16] standhaft bis heute halten können. Eine tolle Geschichte hat vor Jahren der Tierschriftsteller Vitus B. Dröscher[17] veröffentlicht: In Kirchen sollen sich Mäuse von Spinnweben, toten Fliegen, Staub (!), menschlichen Hautschuppen (von den Gottesdienstbesuchern!) und Fensterkitt ernähren. Derartige »Forschungsergebnisse« können die Mäuseplage in Kirchen des Mittelalters in keinster Weise erklären, zumal Fensterkitt bei bleiverglasten Fenstern damals noch unbekannt war.

In der Gnadenkapelle in Telgte (12 km östlich von Münster), die mit der holzgeschnitzten Pieta aus der Zeit um 1370 auch heute noch ein häufig aufgesuchtes Wallfahrtsziel ist, haben sich im Laufe der Jahrhunderte viele Votivgaben wie silberne Ampeln und Metalltafeln mit eingravierten Dankesworten über erfolgte Heilungen am Gnadenbild erhalten. Dazwischen stand bis zur Restaurierung der Kapelle eine alte Mausefalle als Hinweis darauf, daß auch hier die Nager in großer Zahl auftraten. Die von schweren Krankheiten und Gebrechen Geheilten legten aus Dankbarkeit sehr oft Naturalien wie Getreide, Brot, Butter, Speck und andere Nahrungsmittel am Altar ab, damit sich die Armen davon nehmen konn-

Auf dem Chorgestühl der Kirche St. Pierre in Poitiers (West-frankreich) aus der Mitte des 13. Jh. ist das Motiv von Katze und Maus sehr lebensnah in Holz geschnitzt

ten. So fanden die Mäuse ständig einen reichlich »gedeckten Tisch« vor, der sie scharenweise in die Kapelle lockte. Dieser Plage konnte man nur mit Mausefallen einigermaßen Herr werden. Leider ist dieses Beweisstück nach der Renovierung der Gnadenkapelle vor einigen Jahren nicht wieder aufgestellt worden.

Auch der St. Petri-Dom dürfte im Mittelalter die Mäuse magisch angezogen haben: Gegen Ende des 15. Jahrhunderts gab es im Kircheninnern 58 Altäre[18] – eine kaum vorstellbare Anzahl, wobei wir uns heute erstaunt fragen, wo diese Altartische, die jeweils einzelnen Heiligen wie z.B. Maria, Petrus, Kosmas und Damian oder dem Pilgerapostel Jakobus Major geweiht waren, ihren Platz hatten (beide Krypten schieden bis auf ihren angestammten Altar als Platzgeber aus). Der große Raumbedarf für Altäre war der Auslöser dafür, daß im 14. und 15. Jahrhundert an die beiden Seitenschiffe im Süden

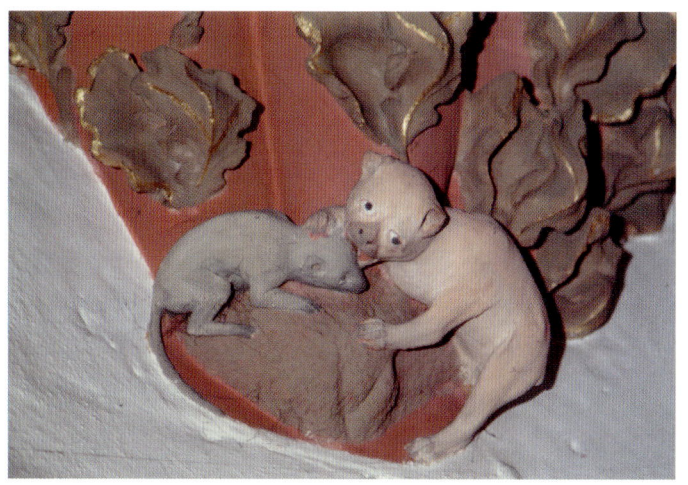

Auf einer Wandkonsole der gotischen Deutschhauskirche in Würzburg entdecken wir eine Katze beim Mäusefangen

und Norden Kapellenreihen angebaut wurden. Trotzdem dürfte auch diese zusätzliche Stellfläche für fast 60 Altäre nicht ausgereicht haben, so daß sogar die Pfeiler des Mittelschiffes damit umstellt gewesen sein müssen.

Ein großer Teil der Altarstifter – zumeist wohlhabende Familien und Herrschaften – waren darauf bedacht, »ihren« Altar regelmäßig mit Votivgaben in Form von Naturalien zu bestücken, um ihrem Ansehen in der Öffentlichkeit und ihrem Seelenheil gerecht zu werden. Immerhin gab es auch im Mittelalter in der großen Stadt viele arme Menschen und Obdachlose, die sich von den Altären ihren Anteil nehmen durften, um einigermaßen satt zu werden – eine Aufgabe, die heute u.a. von der »Bremer Tafel« wahrgenommen wird. Wir können uns unschwer vorstellen, daß die Mengen an Naturprodukten auf den Altären für die Mäuse das Paradies bedeuteten und sie im Dom – wie in vielen Kirchen

Das Münster in Ulm hält auf seinem Chorgestühl aus dem 15. Jh. eine Überraschung bereit: Eine Eule trägt eine erbeutete Maus in ihren Fängen

dieser Zeit – wie die sprichwörtlichen »Maden im Speck« lebten. So meint das bis heute gebräuchliche Wort von der »armen Kirchenmaus« also genau das Gegenteil!

Dementsprechend mußten sich die Menschen etwas Wirkungsvolles einfallen lassen, um die lästigen Nager wenigstens einigermaßen in Schach zu halten. Dabei waren Mausefallen wie in Telgte nur eine und sicher nicht die beste Methode. Viel wirkungsvoller war es, in den Kirchen Katzen zu halten, um deren Ernährung man sich keine Sorgen zu machen brauchte, weil sie als »Selbstversorger«

Auf dem Sandstein-Schrankenrelief aus dem 16. Jh. in der Lübecker Marienkirche hockt in der linken unteren Ecke der Abendmalsszene eine Maus, die vom häufigen Anfassen der Besucher schwarz geworden ist

das Mäuseproblem angehen konnten. In manchen abgelegenen Kirchen trifft der Besucher noch heute gelegentlich auf eine Katze, die durch die offenen Kirchentüren herein- und hinauswechseln kann. In der einsamen Kirche San Pietro in Gropina in der Toskana erlebte ich, daß mir eine Katze schnurrend um die Beine strich.

So finden wir in vielen Kirchen des Mittelalters Darstellungen an Wänden, auf Kapitellen und vor allem auf Chorgestühlen, die Katzen beim Mausen zeigen. Dieses Motiv halten z.B. geschnitzte Chorgestühle in Poitiers

Darstellung einer Maus in dem Fassadenzierrat des Hauses Martinistraße 26 in der Bremer Altstadt

(Mitte 13. Jahrhundert), in der Lübecker Marienkirche oder in der Minoritenkirche in Kleve (beide 15. Jahrhundert) bereit. Auf einer Wandkonsole der Würzburger Deutschhauskirche (Ende 13. Jahrhundert) und auf einem Kapitell des Großmünster-Kreuzganges in Zürich (um 1200) ist dasselbe Motiv in Stein gemeißelt. Auf dem Chorgestühl des Ulmer Münsters (15. Jahrhundert) hält eine Eule eine Maus in ihren Fängen, und mit Sicherheit hat man es damals gern gesehen, wenn Schleiereulen sich das Kircheninnere als Beutefangplatz erkoren hatten. Auch die Marienkirche in Lübeck hat eine stadtbekannte Maus aus Sandstein vorzuweisen, die kein Fremdenführer ausläßt und die Schüler mit Fragebögen in der Hand suchen sollen. Sie findet sich hinter dem Altar im Chorumgang auf einem der berühmten Schrankenreliefs, die Heinrich Brabender 1515 geschaffen hat. Auf der linken unteren Ecke der Abendmahlsszene fällt der Blick auf eine Maus, die vom Berühren der Besucher im Laufe der Zeit schwarz geworden ist.[19] Dieses Tier-motiv wird als Tontäfelchen sogar am Andenkenshop verkauft. Dazu gibt es eine Textbeilage über »Die arme Kirchenmaus«, die eine eigenartige Geschichte zum Besten gibt: Im Mittelalter soll es an der Marienkirche einen Rosenstrauch gegeben haben, der im 13. Jahrhundert plötzlich vertrocknete. Als man im Wurzelbereich nachgrub, entdeckte man, daß Mäuse beim Bau ihres Nestes alle Wurzeln durchgebissen hatten. Den Rest der Geschichte sparen wir uns – denn sie scheint eine werbewirksame Nachahmung des tausendjährigen Rosenstockes in Hildesheim zu sein, zumal sich die Lübecker Steinmaus auf dem Relief am Grunde von Eichenranken aufhält.

Eine hübsche Mäusegeschichte soll diesen Abschnitt beschließen: In dem kleinen Ort Lauf an der Salzach im Salzburger Land stand das Weihnachtsfest des Jahres 1818 vor der Tür. Kurz vor Heiligabend versagte die Orgel plötzlich ihren Dienst.

Eine Maus soll den Schaden verursacht haben. Der Lehrer und Organist Franz Xaver Gruber und der Hilfspfarrer Josef Mohr setzten sich eilig zusammen. Sie texteten und komponierten das Lied »Stille Nacht, heilige Nacht« und trugen es zusammen zur Gitarre singend in der Christvesper des Heiligen Abends vor. Es wird heute – 190 Jahre später – in weiten Teilen der Welt gesungen und dürfte bei uns das beliebteste Weihnachtslied überhaupt sein, verursacht durch eine hungrige Maus.

Kirche Les Jacobines in Toulouse; Maus im Eichenblattwerk des Südportals (13. Jh.) **43**

Das romanische Portal an der rechten Seitenwand des Ostchores im Bremer Dom mit der Dom-Maus.

Mäuse und Ratten im Mittelalter – Hexen- und Dämonenabwehr

Lange Zeit war unklar, wann die beiden romanischen Portale an den Seitenwänden des Ostchores im Bremer Dom – am rechten klettert die Maus von unten her am Säulenfuß empor – errichtet wurden. H. Chr. Hoffmann[20] veröffentlichte kürzlich wichtige baugeschichtliche Befunde, die der Dombaumeister Ernst Ehrhardt am Ende des 19. Jahrhunderts im Ostchor vorgefunden hatte. Er konnte eindeutig nachweisen, daß die beiden Portale nachträglich in das alte Mauerwerk der Ostchorwände eingesetzt worden waren. Die dem 11. Jahrhundert angehörenden Bauteile stammten offensichtlich aus der ersten Westfront des Domes, welche um 1220 abgebrochen wurde, um die in der heutigen Flucht des Westwerks (zum Markt-platz hin) liegenden Türme zu errichten.

Damit handelt es sich bei den Ostchor-Portalen ursprünglich um Eingangspforten in den alten Dom. Hier hatte die Dom-Maus ihre besondere Bedeutung: Sie sollte Hexen und Teufel, für die im Mittelalter Maus und Ratte sinnbildlich standen, am Betreten des Gotteshauses hindern, sollte dem Bösen, Dämonischen den Zugang verwehren – also praktisch ein Bannzeichen, um Kirche und Gläubige vor allem Schlechten, vor der Sünde, vor Teufelswerk zu bewahren.

Für diese Bedeutung der Maus gibt es erstaunlich ähnliche Parallelbeispiele in anderen Kirchen des christlichen Mittelalters. So finden wir in den romanischen Kreuzgängen

45

Ein Unhold bändigt den anderen

Die Welt ist voller Wunderlichkeiten, auch bei der Darstellung der mittelalterlichen Dämonen. Auf einem Gewölbeschlußstein im oberen Kreuzgang der Marienburg (bei Danzig/ Polen) und auf einer Miserikordie des Chorgestühls im Kölner Dom (beide aus dem 14. Jahrhundert) fand ich zwei sonderbare Abbildungen: Eine Fledermaus und ein Drache halten wie Greifvögel eine Maus in ihren Fängen! Was bedeutet das? Nun, bei einigem Nachdenken ist die Lösung gar nicht so schwierig:
Fledermaus und Drache als Symbol für das Böse, für Hexen und Teufel werden durch ihre Darstellung unwirksam gemacht, gleichsam gebannt, und beide halten die Maus fest im Griff – die Maus als Sinnbild der Hexen. Auch der

Oberer Kreuzgang in der Marienburg: Schlußstein mit Fledermaus, die eine Maus als Beute gefangen hat

Nager wird damit kraftlos, hilflos. Hier wird also der Teufel mit dem Beelzebub ausgetrieben! Das Böse hat – sinnbildlich – seine Macht verloren.

Übrigens: In einer ausführlichen, hervorragenden Dokumentation über das Kölner Chorgestühl erwähnt Bergmann (1987) den Drachen, aber nicht die Maus, die er in seinen Fängen hält!

Literatur: M. Bergmann, Das Chorgestühl des Kölner Domes (2 Bände, Neuss 1987)

Miserikordie am Chorgestühl des Kölner Doms:
Ein Drache hält eine Maus in seinen Vogelfängen

An der Basis der linken Säule des Hauptportals der Kathedrale Sainte-Madeleine in Vezelay (Burgund) richten sich Mäuse genauso auf wie die Maus im Bremer Dom

Südeuropas Mäuse bzw. Ratten, die zwischen den Säulenfüßen hervorblicken, etwa in Elne (Südfrankreich), in Girona (Katalonien) und Santo Domingo de Silos (Nordwestspanien). Im südfranzösischen Moissac entdecken wir im Gewände des Hauptportals neben anderen dämonischen Tieren mehrere Mäuse, auch hier in der Bedeutung, Hexen und Teufeln den Zugang zu verwehren. Vor dem Westportal der berühmten Kathedrale Ste.-Madeleine in Vezelay (Burgund) richten sich am Fuß der linken Säule drei Mäuse empor, eine Körperhaltung, die unserer Bremer Dom-Maus sehr nahekommt. Ganz ähnlich am Säulenfuß hockende Nager finden wir auch am Westportal der Kirche St. Martin in Pompierre in Lothringen und im Kreuzgang des katalanischen Girona, der damit gleich zwei verschiedene Mäusemotive bereithält. Das mit Sicherheit am besten erhaltene Beispiel – weil im Kircheninnern vor Witterungseinflüssen geschützt – verbirgt sich im romanischen Dom der italienischen Stadt Salerno: Hier richten sich genauso vier Nager am steinernen Kanzelfuß empor, wunderbar durch mittelalterliche Farbmuster ausgeschmückt.

Aus diesen wirklich sehr ähnlichen »Verwandten« unserer Dom-Maus können wir ersehen, daß das Motiv der nagenden Ratten und Mäuse eine wichtige Funktion wahrnahm, die die Menschen im Mittelalter kannten: Die kleine, schlanke Maus, die durch alle Ritzen und unter Türen hindurchschlüpfen konnte, sollte

Hexen und Teufel am Zugang hindern – mit der deutlichen Aufforderung: »Bis hierher und nicht weiter!« – genauso wie etwa auf einem Kapitell der Ostkrypta das Bannzeichen des Drudenfußes, von dem Goethe Mephisto zu Faust sagen läßt: »Gesteh´ ich´s nur! daß ich hinausspaziere, Verbietet mir ein kleines Hindernis, der Drudenfuß auf Eurer Schwelle.« Als ein solches Bannzeichen ist auch die in Augenhöhe waagerecht an einer steinernen Treppenstufe in der Nürnberger Lorenzkirche abgebildete Maus anzusehen. Wegen der Größe des Reliefs wird die enge Wendeltreppe aus der Mitte des 15. Jahrhunderts hier als »Rattentreppe« bezeichnet.

Löwenkapitell (Ende 11. Jh.) in der Westkrypta des Bremer Domes. Die vier Knoten unter und zwischen den Tiergestalten weisen diese als dämonische Kräfte aus, die gebannt werden sollen

An drei Ecken eines Säulenfußes blicken im romanischen Kreuzgang von Santo Domingo de Silos in Nordwestspanien Mäuseköpfe hervor

Wegen der Größe des Nagers auf dieser Treppe der gotischen Lorenzkirche in Nürnberg wird sie verständlicherweise als »Rattentreppe« bezeichnet

Tiermotive wurden das ganze Mittelalter hindurch als Sinnbilder für menschliche Schwächen, für böse Taten, für dämonische Mächte eingesetzt. Wie Ratte und Maus für Hexen und Teufel Pate standen, so mußten etwa der Ziegenbock für Unzucht, das Schwein für Gefräßigkeit und Verschwendung, der Affe für Hochmut und Eitelkeit, der Fuchs für Habsucht und Lüge oder das Kamel für Jähzorn, Trägheit und Dummheit herhalten. Dementsprechend werden solche negativen Tiersymbole oft mit Bannzeichen abgebildet, die das Gleichnis in Tiergestalt an den Platz bannen und damit seine negativen Eigenschaften unwirksam machen sollten. Wir denken an vier Knoten unter den Löwen der Westkrypta, an knotenartige Körperschlingen bei Fenriswolf und Midgardschlange oder bei der doppelköpfigen Amphisbaena-Schlange oder aber eine Kordel mit aufgerollter Volute beim Specht in der Ostkrypta. Auch ein wunderschönes Mäusemotiv auf einem Kapitell am Dom der oberitalienischen Stadt Casale Monferrato wird mit einem Knoten an den Stein fixiert und damit gebannt: Zwei tanzende Mäuse, von denen bei einer die Schwanzspitze in einem Knoten endet.

Ein einmaliges Motiv ist auf einem Kapitell am Dom von Casale Monferrato aus dem Beginn des 12. Jh. zu entdecken: zwei tanzende Mäuse

Weder »Schnurre« noch Unikat: Die Bremer Dom-Maus hat
eine Reihe von »nahen Verwandten« in der romanischen
Plastik

Die Bremer Dom-Maus – keine »Schnurre«, sondern ein Hexensymbol

Nach diesem Ausflug zu ähnlichen Mäuse-Beispielen aus dem Mittelalter fällt es nicht mehr schwer, unsere Dom-Maus in den richtigen Zusammenhang zu stellen. Umso eigenartiger muten Bemerkungen und »Geschichten« an, die in letzter Zeit mündlich und schriftlich durch unsere Stadt geistern. Selbst in dem offiziellen Domführer[21] wird unsere Dom-Maus als »Schnurre eines Steinmetzen« bezeichnet. Auch sonst hat man sich am Dom gelegentlich an das umlaufende »Mäuse-Latein« gehalten, etwa in einer Zeitungsnotiz vom 14. August 2007, in der zu einem Such- und Ratespiel für Kinder geworben wird. Dabei heißt es, daß die Dom-Maus »wahrscheinlich als Erkennungszeichen« diente.

Selbst in einem großformatigen Bremer Bildkalender mit dem sinnigen Titel »Hingucker 2008« taucht die Mäusegeschichte zusammen mit einem unscharfen Foto auf: »Weil es im Mittelalter noch keine schriftlichen Nachweise darüber gab, wo man als wandernder Handwerker in der Fremde schon gearbeitet hatte, mußte man beschreiben, wo sich in einer Stadt die Kirchenmaus befand. Hatte man dies richtig beschrieben, war man schon etwas glaubwürdiger.« Schon in einem Leserbrief in den Domnachrichten (Nr. 1/Dezember 1999) verbreitet Herr Reinhard Schlich dieses Märchen von den wandernden Maurergesellen, allerdings mit dem Hinweis »wenn auch historisch nicht belegt«! Ja, verehrte Geschich-

Nicht nur am Portal in Vezelay, auch am Kanzelfuß des Domes in Salerno (Italien) aus dem 12. Jh. findet sich eine beeindruckende Parallele zur Dom-Maus

tenerzähler, das ist es ja gerade! Es gibt keine entsprechenden Literaturhinweise. Wer ist der »Erfinder« dieses Ammenmärchens?

Erzbischof Adalbert hatte von seinen Italienreisen Steinmetzen aus der Lombardei (Oberitalien) mit nach Bremen gebracht, die am Dombau zahlreiche hervorragende Zeugnisse ihrer Kunstfertigkeit hinterlassen haben – etwa auf Kapitellen der beiden Krypten, an dem Doppelfensterpaar in der Nordwand der Orgelempore und – wie jetzt

durch Bautagebuch-Notizen von Ernst Ehrhardt[22] nachgewiesen – an den beiden ehemaligen Außenportalen im Ostchor. Einige Mäuseplastiken lombardischer Steinmetzen in Südeuropa habe ich im vorhergehenden Kapitel erwähnt. Insbesondere die sich aufrichtenden Nager im burgundischen Vezelay und in Salerno beweisen die Ähnlichkeit mit der Bremer Dom-Maus auf eindrucksvolle Weise.

Im übrigen: Wo sind denn die vielen Kirchenmäuse an mittelalterlichen Kirchen unseres Landes, an denen sich arbeitssuchende Handwerksgesellen »entlanghangeln« sollten? Mäuse fehlen an den meisten romanischen Kirchen, z.B. im Rheinland oder in Mitteldeutschland. Nein, in der romanischen Kunstepoche des 11. bis 13. Jahrhunderts hatten Maus und Ratte eine wichtige Bedeutung als Hexen- und Teufelssymbol – genauso wie manche anderen Tiermotive, die den leseunkundigen Betrachtern des Mittelalters als Laster und Sünden vor Augen geführt werden sollten. Oft

Katz und Maus am Eingangsportal des Hauses Böttcher-
straße 7, Bremer Altstadt

wurden diese bösen Mächte mit entsprechenden Bannzeichen (Knoten, verschlungene Bänder, Voluten, Drudenfuß) unwirksam gemacht – besonders an den Plätzen innerhalb der Kirchen, wo Christus als Überwinder des Bösen bis heute verehrt und angebetet wird.

Gerade weil die kleine Maus sich durch alle Ritzen und unter Türen hindurchzwängen konnte und überall hineingelangte, wohin sie wollte, wurde sie – mit der Ratte zusammen – zum Sinnbild für Hexen und Teufel. Deshalb mußte sie schon an den Kirchenportalen – in Stein gemeißelt – »Wache stehen«, um den Hexen »in natura« den Zutritt zu verwehren. Das allein ist ihre vordergründige Aufgabe. Als »Erkennungszeichen« für Handwerker war sie von vornherein ungeeignet – frei nach dem Motto: Warum ausgerechnet eine Maus? Ein Löwe oder Affe, ein Hase oder Hund wären genauso wenig dafür prädestiniert gewesen, obwohl es davon viel mehr Beispiele an mittelalterlichen Kirchen gibt!

Der Autor

Götz Ruempler, geboren 1936 in Wilhelmshaven, Dr. med. vet., seit 1950 in Bremen aufgewachsen, kaufmännische Lehre, Abitur am Abendgymnasium in Bremen, Studium der Veterinärmedizin in Hannover und Berlin. 1968–1994 Zoodirektor in Rheine/Westf., Bremerhaven und zuletzt 15 Jahre in Münster; seit 1970 Mitglied und von 1987 bis 1989 Präsident des Verbandes deutscher Zoodirektoren. Über 50 Fachbeiträge in wissenschaftlichen Zeitschriften und Büchern über zoologische Themen, Zootierhaltung und Tierschutz, zahllose Presseveröffentlichungen. Seit 1960 Arbeiten über mittelalterliche Plastik und über Tierdarstellungen des 20. Jahrhunderts; nach 1995 Artikel und Vorträge über Tiere und ihre Bedeutung in der mittelalterlichen Kunst, zuletzt im März 2008 über die Bremer Dom-Maus. Dieser Vortrag ist die Grundlage für das vorliegende Buch geworden.

Anmerkungen

[1] W. Dietsch, Der Dom zu Bremen (Bremen 1978)

[2] O. Rudloff, Kirchenmaus und Armenbibel (Berlin 1993)

[3] G. Ruempler, Die Dom-Maus – eine »arme Kirchenmaus«? (Domnachrichten Nr.4/1999)

[4] Dietsch (wie Anm. 1)

[5] Rudloff (wie Anm. 2)

[6] Ruempler (wie Anm. 3)

[7] A. Sch. v. d.Velden, Tierwelt der Bibel (Stuttgart 1992)

[8] V.d. Velden (wie Anm.7)

[9] H. Schwarzwälder, Reise in Bremens Vergangenheit (Bremen 1965)

[10] G. Ruempler, Ungeziefer und Raubzeug in Vogelhaltungen (Zschr. Die Voliere 2. Jg./1979, S. 25–29)

[11] Ruempler (wie Anm. 10)

[12] E. Weiss, Der Katzen- und Mäusekrieg (Diss. Bonn 1964)

[13] Weiss (wie Anm. 12)

[14] E. Zitzke, Die wahren Hintergründe der Rattenfängersage von Hameln (Osnabrück 1993)

[15] W. Ziegler, R. Vollmer, Führer Kloster Adelberg (Göppingen 1985)

[16] Dietsch (wie Anm. 1)

[17] V.B. Dröscher, Arm wie eine Kirchenmaus (Weser-Kurier, Nr. 193 / 20. August 1982)

[18] H.-W. Krumwiede (Hrg.), Die mittelalterlichen Kirchenpatrozinien Niedersachsens (Göttingen 1960)

[19] P. Pieper, Heinrich Brabender, ein Bildhauer der Spätgotik in Münster (Münster 1984)

[20] H. Chr. Hoffmann, Baugeschichtliche Befunde zum St. Petri-Dom aus dem Bautagebuch von Ernst Ehrhardt 1899–1900 (Brem. Jb. Bd. 85/2006, S. 152–175)

[21] J. Chr. Bosse, I. Weibezahn, K. Bahnson, Der St. Petri-Dom zu Bremen (DKV 10. Aufl./2006)

[22] Hoffmann (wie Anm. 20)

In der Schriftenreihe der Stiftung Bremer Dom e.V. sind bereits erschienen:

Band 1

Detlev G. Gross (Hrsg.)/
Ingrid Weibezahn
**Schätze aus dem
Bremer St. Petri Dom**
Führer durch das Dom-Museum

208 S., 109 Abb.
ISBN 978-86108-540-2
16.90 €

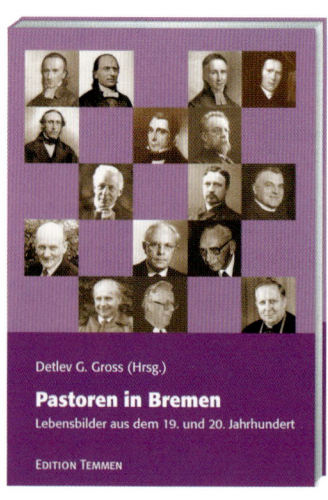

Band 2

Detlev G. Gross (Hrsg.)

Pastoren in Bremen
Lebensbilder aus dem 19. und
20. Jahrhundert

240 S., 133 Abb.
ISBN 978-86108-596-6
19.90 €

www.edition-temmen.de